Wie der „Struwwelpeter" entstand

Dr. Heinrich Hoffmann (1809–1894) schrieb und zeichnete den „Struwwelpeter" vor mehr als 160 Jahren. 1844 wollte er seinem damals dreijährigen Sohn ein Bilderbuch zu Weihnachten schenken, das seinen Vorstellungen für dieses Alter entsprach. Weil er nichts Passendes fand, kaufte er schließlich ein leeres Heft und beschloss, selbst ein Buch anzufertigen. Seine Freunde überredeten den Frankfurter Arzt und Psychiater dazu, das Resultat zu veröffentlichen.

Das Zeichnen gehörte zu Dr. Hoffmanns Handwerkszeug. In seinem Beruf hatte er viel mit Kindern zu tun, deren Vertrauen er zu gewinnen versuchte, indem er kleine Zeichnungen anfertigte. Wollten sich die kleinen Patienten nicht untersuchen lassen, zeichnete er vor ihren Augen ein Bild, das ihre Beschwerden veranschaulichte und ihnen zeigte, was geschehen konnte, wenn sie sich nicht behandeln ließen. Dabei hat er natürlich übertrieben, genau wie im „Struwwelpeter".

Das Thema des Buches heißt: „Vorbeugen ist besser als Heilen", und dabei waren solch abschreckende Beispiele wie „Die Geschichte vom Daumenlutscher" Mittel zum Zweck, um aus hygienischen Gründen zu verhindern, dass die Kinder die Finger in den Mund nahmen. Dabei sollte man bedenken, dass es um die Mitte des 19. Jahrhunderts kaum Kanalisationen gab und die Abwässer durch die Straßen flossen. Gegen die Krankheiten, die dadurch entstehen konnten, standen noch keine wirksamen Medikamente zur Verfügung. Auch wenn sich daran in der Zwischenzeit viel geändert hat – der Erfolg des „Struwwelpeters" in aller Welt ist mit mehr als 540 Auflagen seither unverändert groß!

Die Geschichte vom bösen Friederich

Der Friederich, der Friederich,
das war ein arger Wüterich!
Er fing die Fliegen in dem Haus
und riss ihnen die Flügel aus.
Er schlug die Stühl' und Vögel tot,
die Katzen litten große Not.
Und höre nur, wie bös' er war:
Er peitschte seine Gretchen gar!

Am Brunnen stand ein großer Hund,
trank Wasser dort mit seinem Mund.
Da mit der Peitsch' herzu sich schlich
der bitterböse Friederich;
und schlug den Hund, der heulte sehr,
und trat und schlug ihn immer mehr.
Da biss der Hund ihn in das Bein,
recht tief bis in das Blut hinein.
Der bitterböse Friederich,
der schrie und weinte bitterlich. –
Jedoch nach Hause lief der Hund
und trug die Peitsche in dem Mund.

Ins Bett muss Friedrich nun hinein,
litt vielen Schmerz an seinem Bein;
und der Herr Doktor sitzt dabei
und gibt ihm bitt're Arzenei.

Der Hund an Friedrichs Tischchen saß,
wo er den großen Kuchen aß;
aß auch die gute Leberwurst
und trank den Wein für seinen Durst.
Die Peitsche hat er mitgebracht
und nimmt sie sorglich sehr in acht.

Die gar traurige Geschichte mit dem Feuerzeug

Paulinchen war allein zu Haus,
die Eltern waren beide aus.
Als sie nun durch das Zimmer sprang
mit leichtem Mut und Sing und Sang,
da sah sie plötzlich vor sich steh'n
ein Feuerzeug, nett anzuseh'n.
,,Ei'', sprach sie, ,,ei, wie schön und fein,
das muss ein trefflich Spielzeug sein.
Ich zünde mir ein Hölzchen an,
wie's oft die Mutter hat getan.''

Und Minz und Maunz, die Katzen,
erheben ihre Tatzen.
Sie drohen mit den Pfoten:
,,Der Vater hat's verboten!
Miau! Mio! Miau! Mio!
Lass steh'n! Sonst brennst du lichterloh!''

Paulinchen hört die Katzen nicht!
Das Hölzchen brennt gar hell und licht,
das flackert lustig, knistert laut,
grad wie ihr's auf dem Bilde schaut.
Paulinchen aber freut sich sehr
und sprang im Zimmer hin und her.

Doch Minz und Maunz, die Katzen,
erheben ihre Tatzen.
Sie drohen mit den Pfoten:
,,Die Mutter hat's verboten!
Miau! Mio! Miau! Mio!
Wirf's weg! Sonst brennst du lichterloh!''

Doch weh! Die Flamme fasst das Kleid,
die Schürze brennt; es leuchtet weit.
Es brennt die Hand, es brennt das Haar,
es brennt das ganze Kind sogar.

Und Minz und Maunz, die schreien
gar jämmerlich zu zweien:
„Herbei! Herbei! Wer hilft geschwind?
In Feuer steht das ganze Kind!
Miau! Mio! Miau! Mio!
Zu Hilf'! Das Kind brennt lichterloh!"

Verbrannt ist alles ganz und gar,
das arme Kind mit Haut und Haar;
ein Häuflein Asche bleibt allein
und beide Schuh', so hübsch und fein.

Und Minz und Maunz, die kleinen,
die sitzen da und weinen:
„Miau! Mio! Miau! Mio!
Wo sind die armen Eltern? Wo?"
Und ihre Tränen fließen
wie's Bächlein auf den Wiesen.

Die Geschichte von den schwarzen Buben

Es ging spazieren vor dem Tor
ein kohlpechrabenschwarzer Mohr.
Die Sonne schien ihm auf's Gehirn,
da nahm er seinen Sonnenschirm.
Da kam der Ludwig hergerannt
und trug sein Fähnchen in der Hand.
Der Kaspar kam mit schnellem Schritt
und brachte seine Brezel mit;
und auch der Wilhelm war nicht steif
und brachte seinen runden Reif.
Die schrien und lachten alle drei,
als dort das Mohrchen ging vorbei,
weil es so schwarz wie Tinte sei!

Da kam der große Nikolas
mit seinem großen Tintenfass.
Der sprach: „Ihr Kinder, hört mir zu
und lasst den Mohren hübsch in Ruh'!
Was kann denn dieser Mohr dafür,
dass er so weiß nicht ist wie ihr?"
Die Buben aber folgten nicht
und lachten ihm ins Angesicht
und lachten ärger als zuvor
über den armen schwarzen Mohr.

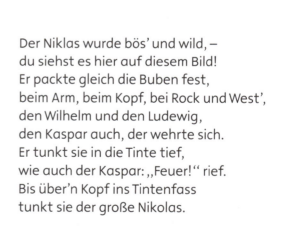

Der Niklas wurde bös' und wild, –
du siehst es hier auf diesem Bild!
Er packte gleich die Buben fest,
beim Arm, beim Kopf, bei Rock und West',
den Wilhelm und den Ludewig,
den Kaspar auch, der wehrte sich.
Er tunkt sie in die Tinte tief,
wie auch der Kaspar: „Feuer!" rief.
Bis über'n Kopf ins Tintenfass
tunkt sie der große Nikolas.

Die Geschichte vom wilden Jäger

Es zog der wilde Jägersmann
sein grasgrün neues Röcklein an;
nahm Ranzen, Pulverhorn und Flint'
und lief hinaus ins Feld geschwind.

Er trug die Brille auf der Nas'
und wollte schießen tot den Has'.

Das Häschen sitzt im Blätterhaus
und lacht den blinden Jäger aus.

Jetzt schien die Sonne gar zu sehr,
da ward ihm sein Gewehr zu schwer.
Er legte sich ins grüne Gras;
das alles sah der kleine Has'.
Und als der Jäger schnarcht und schlief,
der Has' ganz heimlich zu ihm lief
und nahm die Flint' und auch die Brill'
und schlich davon ganz leis' und still.

Die Brille hat das Häschen jetzt
sich selbst auf seine Nas' gesetzt;
und schießen will's aus dem Gewehr.
Der Jäger aber fürcht' sich sehr.
Er läuft davon und springt und schreit:
„Zu Hilf', ihr Leut'! Zu Hilf', ihr Leut'!"

Da kommt der wilde Jägersmann
zuletzt beim tiefen Brünnchen an.
Er springt hinein. Die Not war groß.
Es schießt der Has' die Flinte los.

Des Jägers Frau am Fenster saß
und trank aus ihrer Kaffeetass'.
Die schoss das Häschen ganz entzwei,
da rief die Frau: „O wei! O wei!"
Doch bei dem Brünnchen heimlich saß
des Häschens Kind, der kleine Has'.
Der hockte da im grünen Gras;
dem floss der Kaffee auf die Nas'.
Er schrie: „Wer hat mich da verbrannt?"
und hielt den Löffel in der Hand.

Die Geschichte vom Daumenlutscher

„Konrad!", sprach die Frau Mama,
„ich geh aus und du bleibst da.
Sei hübsch ordentlich und fromm,
bis nach Haus ich wieder komm.
Und vor allem, Konrad, hör!
Lutsche nicht am Daumen mehr;
denn der Schneider mit der Scher'
kommt sonst ganz geschwind daher,
und die Daumen schneidet er
ab, als ob Papier es wär'."

Fort geht nun die Mutter und
wupp, den Daumen in den Mund.

Bautz! Da geht die Türe auf,
und herein in schnellem Lauf
springt der Schneider in die Stub'
zu dem Daumen-Lutscher-Bub.
Weh! Jetzt geht es klipp und klapp
mit der Scher' die Daumen ab,
mit der großen scharfen Scher'!
Hei! Da schreit der Konrad sehr.

Als die Mutter kommt nach Haus,
sieht der Konrad traurig aus.
Ohne Daumen steht er dort,
die sind alle beide fort.

Die Geschichte vom Suppen-Kaspar

Der Kaspar, der war kerngesund,
ein dicker Bub und kugelrund.
Er hatte Backen rot und frisch;
die Suppe aß er hübsch bei Tisch.
Doch einmal fing er an zu schrei'n:
„Ich esse keine Suppe! Nein!
Ich esse meine Suppe nicht!
Nein, meine Suppe ess' ich nicht!"

Am nächsten Tag, ja sieh nur her!
Da war er schon viel magerer.
Da fing er wieder an zu schrei'n:
„Ich esse keine Suppe! Nein!
Ich esse meine Suppe nicht!
Nein, meine Suppe ess' ich nicht!"

Am dritten Tag, o weh und ach!
Wie ist der Kaspar dünn und schwach!
Doch als die Suppe kam herein,
gleich fing er wieder an zu schrei'n:
„Ich esse keine Suppe! Nein!
Ich esse meine Suppe nicht!
Nein, meine Suppe ess' ich nicht!"

Am vierten Tage endlich gar
der Kaspar wie ein Fädchen war.
Er wog vielleicht ein halbes Lot –
und war am fünften Tage tot.

Die Geschichte vom Zappel-Philipp

„Ob der Philipp heute still
wohl bei Tische sitzen will?"
Also sprach in ernstem Ton
der Papa zu seinem Sohn,
und die Mutter blickte stumm
auf dem ganzen Tisch herum.
Doch der Philipp hörte nicht,
was zu ihm der Vater spricht.
Er gaukelt
und schaukelt,
er trappelt
und zappelt
auf dem Stuhle hin und her.
„Philipp, das missfällt mir sehr!"

Seht, ihr lieben Kinder, seht,
wie's dem Philipp weiter geht!
Oben steht es auf dem Bild.
Seht! Er schaukelt gar zu wild,
bis der Stuhl nach hinten fällt;
da ist nichts mehr, was ihn hält.
Nach dem Tischtuch greift er, schreit.
Doch was hilft's? Zu gleicher Zeit
fallen Teller, Flasch' und Brot.
Vater ist in großer Not,
und die Mutter blicket stumm
auf dem ganzen Tisch herum.

Nun ist Philipp ganz versteckt,
und der Tisch ist abgedeckt.
Was der Vater essen wollt',
unten auf der Erde rollt;
Suppe, Brot und alle Bissen,
alles ist herabgerissen;
Suppenschüssel ist entzwei,
und die Eltern steh'n dabei.
Beide sind gar zornig sehr,
haben nichts zu essen mehr.

Die Geschichte vom Hans Guck-in-die-Luft

Wenn der Hans zur Schule ging,
stets sein Blick am Himmel hing.
Nach den Dächern, Wolken, Schwalben
schaut er aufwärts, allenthalben.
Vor die eig'nen Füße dicht,
ja, da sah der Bursche nicht,
also dass ein jeder ruft:
„Seht den Hans Guck-in-die-Luft!"

Kam ein Hund dahergerannt;
Hänslein blickte unverwandt
in die Luft.
Niemand ruft:
„Hans! Gib acht, der Hund ist nah!"
Was geschah?
Bauz! Perdauz! Da liegen zwei!
Hund und Hänschen nebenbei.

Einst ging er an Ufers Rand
mit der Mappe in der Hand.
Nach dem blauen Himmel hoch
sah er, wo die Schwalbe flog,
also dass er kerzengrad
immer mehr zum Flusse trat.
Und die Fischlein in der Reih'
sind erstaunt sehr, alle drei.

Noch ein Schritt! Und plumps! Der Hans
stürzt hinab kopfüber ganz!
Die drei Fischlein ganz erschreckt
haben sich sogleich versteckt.

Doch zum Glück, da kommen zwei
Männer aus der Näh' herbei,
und die haben ihn mit Stangen
aus dem Wasser aufgefangen.

Seht! Nun steht er triefend nass!
Ei! Das ist ein schlechter Spaß!
Wasser läuft dem armen Wicht
aus den Haaren ins Gesicht,
aus den Kleidern, von den Armen;
und es friert ihn zum Erbarmen.

Doch die Fischlein alle drei,
schwimmen hurtig gleich herbei;
strecken's Köpflein aus der Flut,
lachen, dass man's hören tut,
lachen fort noch lange Zeit,
und die Mappe schwimmt schon weit.

Die Geschichte vom fliegenden Robert

Wenn der Regen niederbraust,
wenn der Sturm das Feld durchsaust,
bleiben Mädchen oder Buben
hübsch daheim in ihren Stuben.
Robert aber dachte: „Nein!
Das muss draußen herrlich sein!"
Und im Felde patschet er
mit dem Regenschirm umher.

Hui, wie pfeift der Sturm und keucht,
dass der Baum sich niederbeugt!
Seht! Den Schirm erfasst der Wind,
und der Robert fliegt geschwind
durch die Luft so hoch, so weit.
Niemand hört ihn, wenn er schreit.
An die Wolken stößt er schon,
und der Hut fliegt auch davon.

Schirm und Robert fliegen dort
durch die Wolken immerfort.
Und der Hut fliegt weit voran,
stößt zuletzt am Himmel an.
Wo der Wind sie hingetragen,
ja, das weiß kein Mensch zu sagen.

Max und Moritz

Eine Bubengeschichte in sieben Streichen

Vorwort

Ach, was muss man oft von bösen
Kindern hören oder lesen!
Wie zum Beispiel hier von diesen,
welche Max und Moritz hießen.
Die, anstatt durch weise Lehren
sich zum Guten zu bekehren,
oftmals noch darüber lachten
und sich heimlich lustig machten.
Ja, zur Übeltätigkeit,
ja, dazu ist man bereit!
Menschen necken, Tiere quälen,

Äpfel, Birnen, Zwetschen stehlen –
das ist freilich angenehmer
und dazu auch viel bequemer,
als in Kirche oder Schule
festzusitzen auf dem Stuhle.
Aber wehe, wehe, wehe!
Wenn ich auf das Ende sehe!
Ach, das war ein schlimmes Ding,
wie es Max und Moritz ging.
D'rum ist hier, was sie getrieben,
abgemalt und aufgeschrieben.

Erster Streich

Mancher gibt sich viele Müh'
mit dem lieben Federvieh;
einesteils der Eier wegen,
welche diese Vögel legen;
zweitens weil man dann und wann

einen Braten essen kann;
drittens aber nimmt man auch
ihre Federn zum Gebrauch
in die Kissen und die Pfühle,
denn man liegt nicht gerne kühle.

Seht, da ist die Witwe Bolte,
die das auch nicht gerne wollte.

Ihrer Hühner waren drei
und ein stolzer Hahn dabei.
Max und Moritz dachten nun:
„Was ist hier jetzt wohl zu tun?"
Ganz geschwinde, eins, zwei, drei,
schneiden sie sich Brot entzwei,
in vier Teile, jedes Stück
wie ein kleiner Finger dick.

Diese binden sie an Fäden,
über's Kreuz, ein Stück an jeden,
und verlegen sie genau
in den Hof der guten Frau.

Kaum hat dies der Hahn gesehen,
fängt er auch schon an zu krähen:
Kikeriki! Kikikerikih!
Tak, tak, tak! – da kommen sie.

Hahn und Hühner schlucken munter
jedes ein Stück Brot hinunter.

Aber als sie sich besinnen,
konnte keines recht von hinnen.

In die Kreuz und in die Quer
reißen sie sich hin und her,

flattern auf und in die Höh',
ach herrje, herrjemine!

Ach, sie bleiben an dem langen
dürren Ast des Baumes hangen.
Und ihr Hals wird lang und länger,
ihr Gesang wird bang und bänger.

Jedes legt noch schnell ein Ei,
und dann kommt der Tod herbei.

Witwe Bolte in der Kammer
hört im Bette diesen Jammer.

Ahnungsvoll tritt sie heraus:
Ach, was war das für ein Graus!

„Fließet aus dem Aug', ihr Tränen!
All mein Hoffen, all mein Sehnen,
meines Lebens schönster Traum
hängt an diesem Apfelbaum!"
Tief betrübt und sorgenschwer
kriegt sie jetzt das Messer her;

nimmt die Toten von den Strängen,
dass sie so nicht länger hängen,

und mit stummem Trauerblick
kehrt sie in ihr Haus zurück.

**Dieses war der erste Streich,
doch der zweite folgt sogleich.**

Zweiter Streich

Als die gute Witwe Bolte
sich von ihrem Schmerz erholte,
dachte sie so hin und her,
dass es wohl das Beste wär',
die Verstorb'nen, die hienieden
schon so frühe abgeschieden,
ganz im Stillen und in Ehren
gut gebraten zu verzehren.
Freilich war die Trauer groß,
als sie nun so nackt und bloß
abgerupft am Herde lagen,
sie, die einst in schönen Tagen
bald im Hofe, bald im Garten
lebensfroh im Sande scharrten.

Ach, Frau Bolte weint auf's Neu',
und der Spitz steht auch dabei.

Max und Moritz rochen dieses.
„Schnell auf's Dach gekrochen!", hieß es.

Durch den Schornstein mit Vergnügen
sehen sie die Hühner liegen,

die schon ohne Kopf und Gurgeln
lieblich in der Pfanne schmurgeln.

Eben geht mit einem Teller
Witwe Bolte in den Keller,
dass sie von dem Sauerkohle
eine Portion sich hole,
wofür sie besonders schwärmt,
wenn er wieder aufgewärmt.

Unterdessen auf dem Dache
ist man tätig bei der Sache.
Max hat schon mit Vorbedacht
eine Angel mitgebracht.

Schnupdiwup! Da wird nach oben
schon ein Huhn heraufgehoben.

Schnupdiwup! Jetzt Num'ro zwei.
Schnupdiwup! Jetzt Num'ro drei,
und jetzt kommt noch Num'ro vier:
Schnupdiwup! Dich haben wir!
Zwar der Spitz sah es genau,
und er bellt: „Rawau! Rawau!"

Aber schon sind sie ganz munter
fort und von dem Dach herunter.

Na! Das wird Spektakel geben,
denn Frau Bolte kommt soeben;
angewurzelt stand sie da,
als sie nach der Pfanne sah.

Alle Hühner waren fort –
„Spitz!", das war ihr erstes Wort.

„Oh, du Spitz, du Ungetüm!
Aber wart'! Ich komme ihm!"

Mit dem Löffel, groß und schwer,
geht es über Spitzen her;
laut ertönt sein Wehgeschrei,
denn er fühlt sich schuldenfrei.

Max und Moritz, im Verstecke,
schnarchen aber an der Hecke,
und vom ganzen Hühnerschmaus
guckt nur noch ein Bein heraus.

**Dieses war der zweite Streich,
doch der dritte folgt sogleich.**

Dritter Streich

Jedermann im Dorfe kannte
einen, der sich Böck benannte.

Alltagsröcke, Sonntagsröcke,
lange Hosen, spitze Fräcke,
Westen mit bequemen Taschen,
warme Mäntel und Gamaschen –
alle diese Kleidungssachen
wusste Schneider Böck zu machen.
Oder wäre was zu flicken,
abzuschneiden, anzustücken,
oder gar ein Knopf der Hose

abgerissen oder lose –
wie und wo und was es sei,
hinten, vorne, einerlei –
alles macht der Meister Böck,
denn das ist sein Lebenszweck.
D'rum so hat in der Gemeinde
jedermann ihn gern zu Freunde.
Aber Max und Moritz dachten,
wie sie ihn verdrießlich machten.

Nämlich vor des Meisters Hause
floss ein Wasser mit Gebrause.

Über's Wasser führt ein Steg,
und darüber geht der Weg.

Max und Moritz, gar nicht träge,
sägen heimlich mit der Säge,
ritzeratze, voller Tücke,
in die Brücke eine Lücke.

Als nun diese Tat vorbei,
hört man plötzlich ein Geschrei:
„He, heraus! Du Ziegen-Böck!
Schneider, Schneider, meck, meck, meck!"
Alles konnte Böck ertragen,
ohne nur ein Wort zu sagen;
aber wenn er dies erfuhr,
ging's ihm wider die Natur.

Schnelle springt er mit der Elle
über seines Hauses Schwelle,
denn schon wieder ihm zum Schreck
tönt ein lautes: „Meck, meck, meck!"

Und schon ist er auf der Brücke,
kracks, die Brücke bricht in Stücke.

Wieder tönt es: „Meck, meck, meck!"
Plumps! Da ist der Schneider weg!

Grad als dieses vorgekommen,
kommt ein Gänsepaar geschwommen,
welches Böck in Todeshast
krampfhaft bei den Beinen fasst.

Beide Gänse in der Hand,
flattert er auf trocknes Land.

Übrigens, bei alledem
ist so etwas nicht bequem,

wie denn Böck von der Geschichte
auch das Magendrücken kriegte.

Hoch ist hier Frau Böck zu preisen!
Denn ein heißes Bügeleisen,
auf den kalten Leib gebracht,
hat es wiedergutgemacht.

Bald im Dorf hinauf, hinunter,
hieß es: „Böck ist wieder munter!"

**Dieses war der dritte Streich,
doch der vierte folgt sogleich.**

33

Vierter Streich

Also lautet ein Beschluss,
dass der Mensch was lernen muss.
Nicht allein das A-B-C
bringt den Menschen in die Höh';
nicht allein im Schreiben, Lesen
übt sich ein vernünftig' Wesen;
nicht allein in Rechnungssachen
soll der Mensch sich Mühe machen;
sondern auch der Weisheit Lehren
muss man mit Vergnügen hören.

Dass dies mit Verstand geschah,
war Herr Lehrer Lämpel da.
Max und Moritz, diese beiden,
mochten ihn darum nicht leiden;
denn wer böse Streiche macht,
gibt nicht auf den Lehrer acht.
Nun war dieser brave Lehrer
von dem Tobak ein Verehrer,
was man ohne alle Frage
nach des Tages Müh' und Plage
einem guten alten Mann
auch von Herzen gönnen kann.
Max und Moritz, unverdrossen,
sinnen aber schon auf Possen,
ob vermittelst seiner Pfeifen
dieser Mann nicht anzugreifen.

Einstens, als es Sonntag wieder
und Herr Lämpel, brav und bieder,
in der Kirche mit Gefühle
saß vor seinem Orgelspiele,
schlichen sich die bösen Buben
in sein Haus und seine Stuben,
wo die Meerschaumpfeife stand;
Max hält sie in seiner Hand.

Aber Moritz aus der Tasche
zieht die Flintenpulverflasche,
und geschwinde, stopf, stopf, stopf,
Pulver in den Pfeifenkopf.
Jetzt nur still und schnell nach Haus,
denn schon ist die Kirche aus.

Eben schließt in sanfter Ruh'
Lämpel seine Kirche zu;
und mit Buch und Notenheften,
nach besorgten Amtsgeschäften,
lenkt er freudig seine Schritte
zu der heimatlichen Hütte,

und voll Dankbarkeit sodann
zündet er sein Pfeifchen an.

,,Ach!", spricht er, ,,die größte Freud'
ist doch die Zufriedenheit!"

Rums! Da geht die Pfeife los
mit Getöse, schrecklich groß.
Kaffeetopf und Wasserglas,
Tobaksdose, Tintenfass,
Ofen, Tisch und Sorgensitz –
alles fliegt im Pulverblitz.

Als der Dampf sich nun erhob,
sieht man Lämpel, der gottlob,
lebend auf dem Rücken liegt;
doch er hat was abgekriegt.

Nase, Hand, Gesicht und Ohren
sind so schwarz als wie die Mohren,
und des Haares letzter Schopf
ist verbrannt bis auf den Kopf.

Wer soll nun die Kinder lehren
und die Wissenschaft vermehren?
Wer soll nun für Lämpel leiten
seine Amtestätigkeiten?
Woraus soll der Lehrer rauchen,
wenn die Pfeife nicht zu brauchen?
Mit der Zeit wird alles heil,
nur die Pfeife hat ihr Teil.

**Dieses war der vierte Streich,
doch der fünfte folgt sogleich.**

Fünfter Streich

Wer in Dorfe oder Stadt
einen Onkel wohnen hat,
der sei höflich und bescheiden,
denn das mag der Onkel leiden.
Morgens sagt man: „Guten Morgen!
Haben Sie was zu besorgen?"
Bringt ihm, was er haben muss:
Zeitung, Pfeife, Fidibus.
Oder sollt' es wo im Rücken
drücken, beißen oder zwicken,
gleich ist man mit Freudigkeit
dienstbeflissen und bereit.

Oder sei's nach einer Prise,
dass der Onkel heftig niese,
ruft man „Prosit!" allsogleich.
„Danke, wohl bekomm' es Euch!"
Oder kommt er spät nach Haus,
zieht man ihm die Stiefel aus,
holt Pantoffel, Schlafrock, Mütze,
dass er nicht im Kalten sitze –
kurz, man ist darauf bedacht,
was dem Onkel Freude macht.
Max und Moritz ihrerseits
fanden darin keinen Reiz.
Denkt euch nur, welch schlechten Witz
machten sie mit Onkel Fritz!

Jeder weiß, was so ein Maikäfer für ein Vogel sei.
In den Bäumen hin und her
fliegt und kriecht und krabbelt er.

Max und Moritz, immer munter,
schütteln sie vom Baum herunter.

In die Tüte von Papiere
sperren sie die Krabbeltiere.

Fort damit und in die Ecke
unter Onkel Fritzens Decke!

36

Bald zu Bett geht Onkel Fritze
in der spitzen Zipfelmütze;

seine Augen macht er zu,
hüllt sich ein und schläft in Ruh'.

Doch die Käfer, kritze, kratze,
kommen schnell aus der Matratze.

Schon fasst einer, der voran,
Onkel Fritzens Nase an.

,,Bau!", schreit er, ,,was ist das hier?!",
und erfasst das Ungetier.

Und den Onkel, voller Grausen,
sieht man aus dem Bette sausen.

„Autsch!" – schon wieder hat er einen
im Genicke, an den Beinen;

hin und her und rundherum
kriecht es, fliegt es mit Gebrumm.

Onkel Fritz, in dieser Not,
haut und trampelt alles tot.

Guckste wohl! Jetzt ist's vorbei
mit der Käferkrabbelei!

Onkel Fritz hat wieder Ruh'
und macht seine Augen zu.

**Dieses war der fünfte Streich,
doch der sechste folgt sogleich.**

Sechster Streich

In der schönen Osterzeit,
wenn die frommen Bäckersleut'
viele süße Zuckersachen
backen und zurechte machen,
wünschten Max und Moritz auch
sich so etwas zum Gebrauch.

Doch der Bäcker, mit Bedacht,
hat das Backhaus zugemacht.

Also, will hier einer stehlen,
muss er durch den Schlot sich quälen.

Ratsch! Da kommen die zwei Knaben
durch den Schornstein, schwarz wie Raben.

Puff! Sie fallen in die Kist',
wo das Mehl darinnen ist.

Da! Nun sind sie alle beide
rundherum so weiß wie Kreide.

Aber schon mit viel Vergnügen
sehen sie die Brezeln liegen.

Knacks! Da bricht der Stuhl
entzwei.

Schwapp! Da liegen sie im Brei.

Ganz von Kuchenteig umhüllt
steh'n sie da als Jammerbild.

Gleich erscheint der Meister Bäcker
und bemerkt die Zuckerlecker.

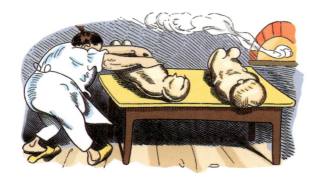

Eins, zwei, drei – eh' man's gedacht,
sind zwei Brote d'raus gemacht.

In dem Ofen glüht es noch.
Ruff! Damit ins Ofenloch!

Ruff! Man zieht sie aus der Glut,
denn nun sind sie braun und gut.

Jeder denkt, die sind perdü!
Aber nein – noch leben sie!

Knusper, knasper – wie zwei Mäuse
fressen sie durch das Gehäuse;

und der Meister Bäcker schrie:
„Ach herrje! Da laufen sie!"

**Dieses war der sechste Streich,
doch der letzte folgt sogleich.**

Letzter Streich

Max und Moritz, wehe euch!
Jetzt kommt euer letzter Streich!
Wozu müssen auch die beiden
Löcher in die Säcke schneiden?

Seht, da trägt der Bauer Mecke
einen seiner Maltersäcke.

Aber kaum dass er von hinnen,
fängt das Korn schon an zu rinnen.

Und verwundert steht und spricht er:
„Zapperment! Dat Ding werd lichter!"

Hei! Da sieht er voller Freude
Max und Moritz im Getreide.

Rabs! In seinen großen Sack
schaufelt er das Lumpenpack.

Max und Moritz wird es schwüle,
denn nun geht es nach der Mühle.

„Meister Müller, he, heran!
Mahl er das, so schnell er kann!"

„Her damit!" Und in den Trichter
schüttelt er die Bösewichter.

Rickeracke! Rickeracke!
Geht die Mühle mit Geknacke.

Hier kann man sie noch erblicken,
fein geschrotet und in Stücken.

Doch sogleich verzehret sie
Meister Müllers Federvieh.

Als man dies im Dorf erfuhr,
war von Trauer keine Spur.
Witwe Bolte, mild und weich,
sprach: „Sieh' da, ich dacht' es gleich!"
„Ja, ja, ja", rief Meister Böck,
„Bosheit ist kein Lebenszweck!"
D'rauf, so sprach Herr Lehrer Lämpel:
„Dies ist wieder ein Exempel!"
„Freilich!", meint der Zuckerbäcker,
„warum ist der Mensch so lecker?!"
Selbst der gute Onkel Fritze
sprach: „Das kommt von dumme Witze!"
Doch der brave Bauersmann
dachte: „Wat geiht meck dat an?"
Kurz, im ganzen Dorf herum
ging ein freudiges Gebrumm:
„Gott sei Dank! Nun ist's vorbei
mit der Übeltäterei!"

„Max und Moritz" - mehr als ein Kinderbuch

Wilhelm Busch (1832–1908) war ein genialer Zeichner, Erzähler, Aphoristiker und Maler. Etliche seiner Bildergeschichten wurden in den satirischen Zeitungen *Fliegende Blätter* und *Münchner Bilderbogen* veröffentlicht, womit Busch seinen bescheidenen Lebensunterhalt verdiente. Große Bekanntheit erlangte er mit „Max und Moritz", das 1865 von dem Münchner Verleger Kaspar Braun zur Erweiterung seines Kinderbuchprogramms veröffentlicht wurde.

Das Manuskript von „Max und Moritz" besteht aus 51 handschriftlichen Blättern, in die Busch mit Aquarell kolorierte Bleistiftzeichnungen hineingeklebt hatte. Der Buchdruck erfolgte zunächst in Holzschnitttechnik, später dann mit Kupferplatten.

Wilhelm Busch schuf mit „Max und Moritz" ein übertriebenes Gegenstück zur Darstellung des Kindes in der Literatur seiner Zeit: Um die Mitte des 19. Jahrhunderts wird an einem Bild des heiteren und unschuldigen Kindes festgehalten, das jedoch in krassem Gegensatz zu den damals üblichen Erziehungsmethoden steht. Sowohl zu Hause als auch in der Schule herrschte eine Pädagogik vor, die ganz im Zeichen harter körperlicher Strafen stand.

Genau betrachtet sind die „bösen Buben" Max und Moritz kaum schlimmer als die „guten", „braven" oder „frommen" Erwachsenen: Prügelt Witwe Bolte doch brutal auf ihren unschuldigen Spitz ein, zertrampelt Onkel Fritz in ungestümer Wut die Maikäfer, und auch der Bäckermeister und Bauer Mecke stehen den beiden Lausbuben im Hinblick auf ihre Schadenfreude nach deren Tod in nichts nach. Insofern gehen die sieben Streiche über den Anspruch eines Kinderbuchs hinaus und sind als kritische Satire einer kleinbürgerlichen Gesellschaft zu verstehen.